Melanie Bettner

Mathe an Stationen

Handlungsorientierte Materialien für die Klasse 1

SPEZIAL

Zahlen kennenlernen

Auer Verlag

Die Herausgeber:

Marco Bettner – Rektor als Ausbildungsleiter,
Referent in der Lehrerfort- und Lehrerweiterbildung,
zahlreiche Veröffentlichungen als Autor und Herausgeber

Dr. Erik Dinges – Rektor einer Förderschule für Lernhilfe,
Referent in der Lehrerfort- und Lehrerweiterbildung,
zahlreiche Veröffentlichungen als Autor und Herausgeber

Die Autorin:

Melanie Bettner – Diplom-Pädagogin, zertifizierte Legasthenie- und Dyskalkulietrainerin sowie Lerntrainerin

Gedruckt auf umweltbewusst gefertigtem, chlorfrei gebleichtem
und alterungsbeständigem Papier.

1. Auflage 2013
Nach den seit 2006 amtlich gültigen Regelungen der Rechtschreibung
© Auer Verlag
AAP Lehrerfachverlage GmbH, Donauwörth
Alle Rechte vorbehalten
Das Werk und seine Teile sind urheberrechtlich geschützt. Jede Nutzung in anderen als den gesetzlich zugelassenen Fällen bedarf der vorherigen schriftlichen Einwilligung des Verlages. Hinweis zu § 52 a UrhG: Weder das Werk noch seine Teile dürfen ohne eine solche Einwilligung eingescannt und in ein Netzwerk eingestellt werden. Dies gilt auch für Intranets von Schulen und sonstigen Bildungseinrichtungen.
Umschlagillustration: Corina Beurenmeister
Illustrationen: Corina Beurenmeister
Satz: Fotosatz H. Buck, Kumhausen
Druck und Bindung: Kessler Druck + Medien
ISBN 978-3-403-**07192**-1

www.auer-verlag.de

Inhalt

Vorwort 4

Materialaufstellung und Hinweise 5

Optische Übungen zu einer Zahl

Station 1: Kartoffelzahlen 9
Station 2: Zahlencollage 10
Station 3: Zahlensalat 11
Station 4: Zahlenbau 12
Station 5: Zahlenbild 13
Station 6: Würfelzahlen 14
Station 7: Versteckte Zahlen 16
Station 8: Prickelnde Zahlen 17
Station 9: Steinmalerei 18

Haptische Übungen zu einer Zahl

Station 1: Zahlen finden 19
Station 2: Zahlen legen 20
Station 3: Zahlen formen 21
Station 4: Zahlen laufen 22
Station 5: Zahlen fühlen 23
Station 6: Drahtzahlen 24
Station 7: Zahlen ertasten 25

Schreibmotorische Übungen zu einer Zahl

Station 1: Zahlen in der Luft 26
Station 2: Zahlen im Sand 27
Station 3: Zahlen auf dem Rücken 28
Station 4: Zahlen zum Hüpfen 29
Station 5: Zahlen an der Tafel 30
Station 6: Süße Zahlen 31
Station 7: Nasse Zahlen 32
Station 8: Große und kleine Zahlen 33

Übungen zur Mengenerfassung einer Zahl

Station 1: Fühlsäckchen 34
Station 2: Zahlen bekleben 35
Station 3: Steine bündeln 36
Station 4: Gruppen bilden 37
Station 5: Autos einkreisen 38
Station 6: Kästchen malen 39
Station 7: Zahlen-Künstler 40
Station 8: Instrumente spielen 41

Übungen zu den Zahlen 0–10

Station 1: Alle meine Zahlen 42
Station 2: Zahlenpuzzle 43
Station 3: Zahlen schreiben 44
Station 4: Zahlenplakat 45
Station 5: Lückenfüller 46
Station 6: Welche Zahl fehlt? 47
Station 7: Zahlen-Memory® 48
Station 8: Blind schreiben 49
Station 9: Zahlensuche 50
Station 10: Zahlenschachteln 51
Station 11: Zahlen verbinden 52

Übungen zur Mengenerfassung der Zahlen 0–10

Station 1: Was gehört zusammen? 53
Station 2: Schachteln füllen 54
Station 3: Zahlenbeutel 55
Station 4: Zahlen trommeln 56
Station 5: Jede Menge Eier 57
Station 6: Gesichter im Ballon 58
Station 7: Fischespiel 59
Station 8: Bälle zählen 62
Station 9: Zahlen-Domino 63
Station 10: Hungrige Krokodile 64

Laufzettel 66
Zahlenkarten 67
Lösungen 72

Vorwort

Bei den vorliegenden Stationsarbeiten handelt es sich um eine Arbeitsform, bei der unterschiedliche Lernvoraussetzungen, unterschiedliche Zugänge und Betrachtungsweisen und unterschiedliche Lern- und Arbeitstempi der Schüler* Berücksichtigung finden. Die Grundidee ist, den Schülern einzelne Arbeitsstationen anzubieten, an denen sie gleichzeitig selbstständig arbeiten können. Die Reihenfolge des Bearbeitens der einzelnen Stationen ist dabei ebenso frei wählbar wie das Arbeitstempo und meist auch die Sozialform.
Als dominierende Unterrichtsprinzipien sind bei allen Stationen die Schüler- und Handlungsorientierung aufzuführen. Schülerorientierung meint, dass der Lehrer in den Hintergrund tritt und nicht mehr im Mittelpunkt der Interaktion steht. Er wird zum Beobachter, Berater und Moderator. Seine Aufgabe ist nicht das Strukturieren und Darbieten des Lerngegenstandes in kleinsten Schritten, sondern durch die vorbereiteten Stationen eine Lernatmosphäre zu schaffen, in der die Schüler sich Unterrichtsinhalte eigenständig erarbeiten bzw. Lerninhalte festigen und vertiefen können.
Handlungsorientierung meint, dass das angebotene Material und die Arbeitsaufträge für sich selbst sprechen. Der Unterrichtsgegenstand und die zu gewinnenden Erkenntnisse werden nicht durch den Lehrer dargeboten, sondern durch die Auseinandersetzung mit dem Material und die eigene Tätigkeit gewonnen und begriffen.

Ziel der Veröffentlichung ist, wie oben angesprochen, das Anknüpfen an unterschiedliche Lernvoraussetzungen der Schüler. Jeder einzelne Schüler erhält seinen eigenen Zugang zum inhaltlichen Lernstoff. Die einzelnen Stationen ermöglichen das Lernen nach allen Sinnen bzw. nach den verschiedenen Eingangskanälen. Dabei werden sowohl visuelle (sehorientierte), haptische (fühlorientierte) als auch intellektuelle Lerntypen angesprochen. An dieser Stelle werden auch gleichermaßen die Bruner'schen Repräsentationsebenen (enaktiv bzw. handelnd, ikonisch bzw. visuell und symbolisch) einbezogen. Aus Ergebnissen der Wissenschaft ist bekannt: Je mehr Eingangskanäle angesprochen werden, umso besser und langfristiger wird Wissen gespeichert und damit umso fester verankert. Das vorliegende Arbeitsheft unterstützt in diesem Zusammenhang das Erinnerungsvermögen, das nicht nur an Einzelheiten, an Begriffe und Zahlen geknüpft ist, sondern häufig auch an die Lernsituation.

Viel Freude und Erfolg mit dem vorliegenden Band wünschen Ihnen
die Herausgeber

Marco Bettner   *Dr. Erik Dinges*

---

* Aufgrund der besseren Lesbarkeit ist in diesem Buch mit Schüler auch immer Schülerin gemeint, ebenso verhält es sich mit Lehrer und Lehrerin etc.

Materialaufstellung und Hinweise

Bei einigen Stationen werden in der Kopfzeile Symbole für Partnerarbeit (☺☺) oder Gruppenarbeit (☺☺☺) angegeben. Hier ist es unverzichtbar, dass die Kinder miteinander arbeiten. Allerdings sollte die Partnerarbeit der Einzelarbeit generell oft vorgezogen werden, um die kommunikative Komponente zu nutzen und zu fördern.

Aufgrund des Lernstandes in der 1. Klasse wird in diesem Buch ausschließlich der Begriff „Zahl" verwendet und die Unterscheidung zwischen Zahl und Ziffer nicht berücksichtigt.

Bei den Stationenläufen „Optische Übungen zu einer Zahl", Haptische Übungen zu einer Zahl", „Schreibmotorische Übungen zu einer Zahl" und „Übungen zur Mengenerfassung einer Zahl" kann mit einer (oder auch mehreren) beliebigen Zahlen gearbeitet werden. Dazu einfach die entsprechende Zahl in das leere Feld auf dem Arbeitsblatt schreiben oder eine Zahlenkarte (S. 67) aufkleben.

Optische Übungen zu einer Zahl

Die Seiten 9–18 in entsprechender Anzahl kopieren und bereitlegen.

Station 1 **Kartoffelzahlen**
Kartoffelstempel, Wasserfarben, Pinsel und weißes Papier (DIN A4) bereitlegen. Herstellung eines Kartoffelstempels: Auf eine Kartoffelhälfte wird eine Zahl (seitenverkehrt!) aufgemalt. Um die Zahl herum wird mit dem Messer so geschnitten, dass sie erhaben stehenbleibt.

Station 2 **Zahlencollage**
Zeitschriften, bedruckte Verpackungen, Scheren, weißes großflächiges Papier (DIN A3) und Klebstoff bereitlegen.
Zusätzlich können die Schüler die Zahl am PC in verschiedenen Schriften und Größen ausdrucken und ebenfalls auf das Plakat kleben.

Station 4 **Zahlenbau**
Zeitungen, Zeitschriften, Scheren, weißes Papier (DIN A4) und Klebstoff bereitlegen.

Station 5 **Zahlenbild**
Weißes Papier (DIN A4), bunte Farben (z. B. Wasserfarben oder Wachsmalkreiden), Dekorationsmaterialien (z. B. Glitter, Pailletten, Glitzerstaub etc.) und Klebstoff bereitlegen.

Station 6 **Würfelzahlen**
Die Würfel-Vorlage (S. 15) zweimal kopieren, ausschneiden, mit verschiedenen Zahlen (S. 67) bekleben und bereitlegen. Dabei die neue Zahl einmal auf jedem Würfel verwenden. Die Würfel an den Laschen zusammenkleben.
Falls der Mengenaspekt der Zahl in die Übung einbezogen werden soll, können auf einen Würfel die entsprechenden Mengenbilder (S. 68) geklebt werden.

Station 8 **Prickelnde Zahlen**
Weißes Papier (DIN A4), weiche Unterlagen (z. B. aus Filz) und Zahnstocher bereitlegen.
Bei schwierigen Zahlen und leistungsschwächeren Schülern die Zahl vorab auf das Papier zeichnen.

Station 9 **Steinmalerei**
Flache Steine, Pinsel und Wasserfarben bereitlegen.

Haptische Übungen zu einer Zahl

Die Seiten 19–25 in entsprechender Anzahl kopieren und bereitlegen.

Station 1 **Zahlen finden**
In einen Beutel verschiedene Gegenstände (z. B. kleiner Ball, Kastanie, Löffel, …), Materialien (z. B. Stoffreste) sowie die Zahl (aus Holz oder Karton) hineinlegen.
Schwieriger wird es, wenn verschiedene Zahlen hineingelegt werden.

Station 2 **Zahlen legen**
Verschiedene Materialien (z. B. Kastanien, Knöpfe, Perlen, Eicheln, Streichhölzer, Nudeln, …) bereitlegen oder von den Kindern mitbringen lassen.

Station 3 **Zahlen formen**
Salzteig oder Knetmasse bereitlegen.
Zutaten für Salzteig: 2 Tassen Mehl, 1 Tasse Salz, 1 Tasse Wasser, evtl. 1 Löffel Tapetenkleister; für eine ganze Klasse die doppelte Menge verwenden.
Um die Zahlen anschließend (z. B. mit Wasserfarben) zu bemalen, müssen sie entweder einige Tage getrocknet oder im Backofen bei ca. 150 °C 45 Min. gebacken werden.

Station 4 **Zahlen laufen**
Springseile bereitlegen.

Station 5 **Zahlen fühlen**
Die Zahl (S. 67) kopieren, auf Karteikarten (DIN A6) oder Pappe kleben und bereitlegen.
Verschiedene Materialien (z. B. Sand, Mossgummi, Linsen, Erbsen, Reis, …) und Klebstoff bereitlegen.
Achtung: Aufgabe 2 sollte erst ausgeführt werden, wenn der Klebstoff getrocknet ist.

Station 6 **Drahtzahlen**
Pfeifenputzerdraht bereitlegen.

Station 7 **Zahlen ertasten**
Die Zahl sowie zwei ähnliche aus Sandpapier ausschneiden und bereitlegen.
Ein Tuch zum Verbinden der Augen bereitlegen.

Schreibmotorische Übungen zu einer Zahl

Die Seiten 26–33 in entsprechender Anzahl kopieren und bereitlegen.

Station 2 **Zahlen im Sand**
Kiste (Schuhkarton) oder Tablett mit Sand bereitlegen.

Station 4 **Zahlen zum Hüpfen**
Bunte Kreide auf dem Schulhof bereitlegen.
Wenn keine Möglichkeit zum Betreten des Schulhofs besteht, kann die Zahl stattdessen mit Klebeband auf den Boden geklebt werden.

Station 5 **Zahlen an der Tafel**
Bei der Verwendung eines Whiteboards kann die Zahl mit einer besonderen Schrift (z. B. Sterne als Strich) geschrieben werden.

Station 6 **Süße Zahlen**
Sprühsahne, Backpapier und bunte Zuckerstreusel bereitlegen.

Station 7 **Nasse Zahlen**
Gießkannen auf dem Schulhof bereitstellen.
Wenn keine Möglichkeit zum Betreten des Schulhofs besteht, kann die Zahl stattdessen mit einem nassen Finger an die Tafel geschrieben werden.

| Station 8 | **Große und kleine Zahlen**
Verschiedene Papierformate bereitlegen: von DIN A4 bis zum Papierschnipsel. |

Übungen zur Mengenerfassung einer Zahl

Die Seiten 34–41 in entsprechender Anzahl kopieren und bereitlegen.

| Station 1 | **Fühlsäckchen**
Kleinen Beutel mit Murmeln füllen und bereitlegen. |
| Station 2 | **Zahlen bekleben**
Pappe, Zahlenkarten (S. 67), Buntstifte sowie Klebepunkte bereitlegen. |
| Station 3 | **Steine bündeln**
Kleine Steine (Kiesel- oder Muggelsteine) bereitlegen. |
| Station 4 | **Gruppen bilden**
Verschiedene Materialien (z. B. Kastanien, Knöpfe, Perlen, Eicheln, Streichhölzer, Nudeln, …) bereitlegen oder von den Kindern mitbringen lassen. |
| Station 6 | **Kästchen malen**
Buntstifte bereitlegen. |
| Station 7 | **Zahlen-Künstler**
Buntstifte bereitlegen. |
| Station 8 | **Instrumente spielen**
Verschiedene Instrumente (Trommel, Triangel, Xylofon, Klanghölzer, …) bereitlegen. |

Übungen zu den Zahlen 0–10

Die Seiten 42–52 in entsprechender Anzahl kopieren und bereitlegen.
Als Möglichkeit zur Selbstkontrolle können die Lösungen (S. 72f.) zur Verfügung gestellt werden.

| Station 2 | **Zahlenpuzzle**
Puzzle kopieren, evtl. laminieren, zerschneiden und bereitlegen. |
| Station 4 | **Zahlenplakat**
Verschiedene Materialien (Geschenkpapier, Stoffe, Transparentpapier, …), Scheren, weißes großflächiges Papier (DIN A3) und Klebstoff bereitlegen. |
| Station 7 | **Zahlen-Memory®**
Zahlenkarten (S. 67) kopieren, evtl. laminieren und bereitlegen. Als Paare können die Zahlen aber auch mit Mengen (S. 68) oder anderen Zahldarstellungen (S. 69f.) kombiniert werden. |
| Station 8 | **Blind schreiben**
Weißes Papier (DIN A4) bereitlegen. |
| Station 10 | **Zahlenschachteln**
Streichholzschachteln, weißes Papier, Moosgummi, Scheren und Klebstoff bereitlegen. Zur späteren Verwendung der Schachteln bei Übungen zur Mengenerfassung (z. B. S. 54) oder zum Rechnen bietet es sich an, den Schülern eine Zahl zuzuteilen, damit am Ende alle Zahlen berücksichtigt wurden. |

Übungen zur Mengenerfassung der Zahlen 0–10

Die Seiten 53–65 in entsprechender Anzahl kopieren und bereitlegen.
Als Möglichkeit zur Selbstkontrolle können die Lösungen (S. 75 f.) zur Verfügung gestellt werden.

Station 1 **Was gehört zusammen?**
Vier verschiedene Kartensets (S. 67–71) kopieren, evtl. laminieren, ausschneiden und bereitlegen.

Station 2 **Schachteln füllen**
Streichholzschachteln mit Zahlen (S. 51) sowie Knöpfe oder Perlen bereitlegen.

Station 3 **Zahlenbeutel**
Elf Zugband-Beutel mit kleinen Gegenständen (Perlen, Knöpfe, …) in den Mengen 0–10 befüllen.
Zahlenkarten (S. 67) kopieren, evtl. laminieren, ausschneiden und bereitlegen.

Station 4 **Zahlen trommeln**
Trommel bereitlegen.

Station 7 **Fischespiel**
Spielsteine (z. B. Knöpfe oder Farbplättchen) bereitlegen.
Fischekarten (S. 61) mehrfach kopieren, evtl. laminieren, mischen und auf einem Stapel neben dem laminierten Spielfeld (S. 60) bereitlegen.

Station 9 **Zahlen-Domino**
Dominokarten (S. 63) kopieren, ausschneiden, evtl. laminieren und bereitlegen.

Station 10 **Hungrige Krokodile**
Krokodile (S. 65) ausschneiden und bereitlegen.

Station 1   Kartoffelzahlen

Aufgabe:

1. Bemale den Kartoffelstempel mit Farbe.

2. Drücke den Stempel auf das Papier.

Station 2 Zahlencollage

Aufgabe:

1. Sucht die Zahl in Zeitschriften oder auf Verpackungen und schneidet alle gefundenen Zahlen aus.

2. Klebt die Zahlen gemeinsam auf das Plakat.

Station 3 Zahlensalat

Aufgabe:

Kreise die Zahl ein.

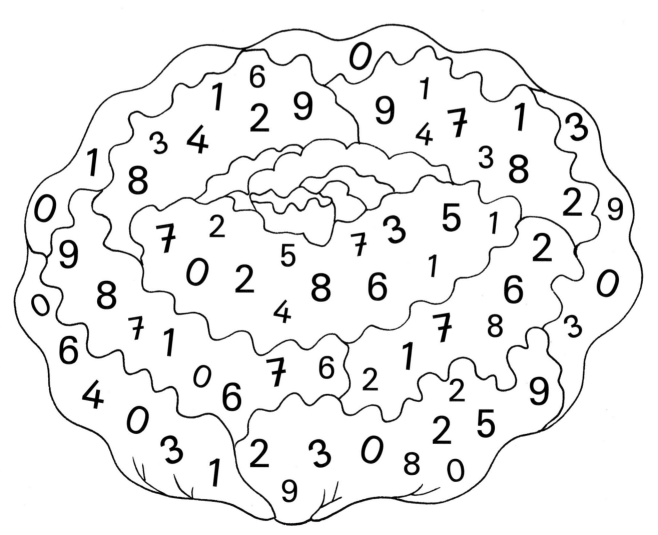

Station 4 Zahlenbau

Aufgabe:

1. Suche die Zahl in Zeitungen oder Zeitschriften und schneide alle gefundenen Zahlen aus.

2. Bilde aus vielen kleinen Zahlen eine große Zahl und klebe sie auf.

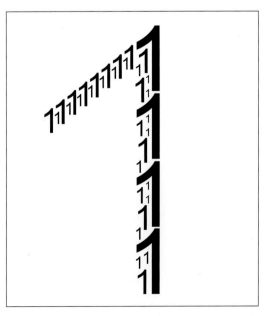

Station 5 *Zahlenbild*

Aufgabe:

Male die Zahl mit bunten Farben auf das Papier und verziere dein Zahlenbild.

Station 6   *Würfelzahlen*

Aufgabe:

1. Jeder würfelt mit einem Würfel.

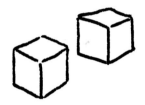

2. Wie oft würfelt ihr die gleiche Zahl?

Station 6 Würfelzahlen (Würfel-Vorlage)

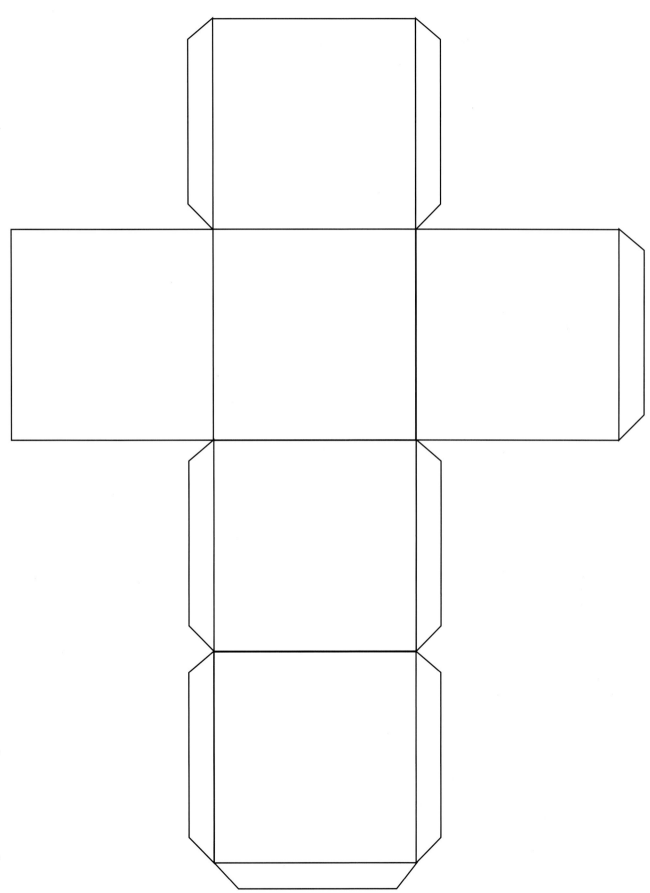

Station 7 — Versteckte Zahlen

☺☺/☺☺☺

Aufgabe:

Sucht gemeinsam in eurem Klassenzimmer, wo ihr die Zahl oder ihre Form entdecken könnt.

Station 8 — Prickelnde Zahlen

Aufgabe:

1. Schreibe die Umrisse der Zahl auf das Papier.

2. Lege das Papier auf die Unterlage und steche mit dem Zahnstocher viele kleine Löcher auf die Linien.

3. Löse die Zahl aus dem Papier heraus.

Station 9 Steinmalerei

Aufgabe:

Male die Zahl auf einen Stein.

Station 1   *Zahlen finden*

Aufgabe:

Finde die Zahl im Fühlsäckchen, ohne hineinzusehen.

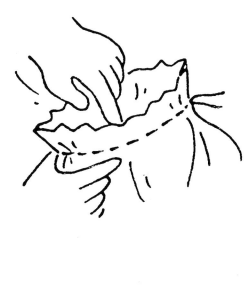

Station 2　Zahlen legen

Aufgabe:

1. Lege die Zahl mit einem Material deiner Wahl auf den Tisch.

2. Fahre die Zahl mit dem Finger in Schreibrichtung nach.

3. Schließe die Augen und fahre sie noch einmal nach.

Station 3 Zahlen formen

Aufgabe:

Forme die Zahl aus Salzteig oder Knete.

 Eine Zahl aus Salzteig kann nach dem Trocknen bemalt werden.

Station 4 Zahlen laufen

Aufgabe:

1. Lege die Zahl mit Seilen auf den Boden.

2. Laufe die Zahl in Schreibrichtung entlang.

Station 5 Zahlen fühlen

Aufgabe:

1. Beklebe die Zahl mit einem Material deiner Wahl.

2. Schließe deine Augen und erfühle mit dem Finger die Zahl.

Station 6 — Drahtzahlen

Aufgabe:

Forme die Zahl aus Pfeifenputzerdraht.

Station 7 Zahlen ertasten

Aufgabe:

1. Einem von euch beiden werden die Augen verbunden.

2. Der Partner mischt die drei Zahlen.

3. Das „blinde" Kind ertastet die Zahlen. Findet es die richtige?

4. Tauscht die Rollen.

Station 1 — Zahlen in der Luft

Aufgabe:

Schreibe die Zahl mit dem Finger oder einem Bleistift in die Luft.

Station 2 Zahlen im Sand

Aufgabe:

Schreibe die Zahl in unterschiedlichen Größen in den Sand.

Station 3 Zahlen auf dem Rücken

Aufgabe:

1. Schreibe die Zahl auf den Rücken deines Partners.

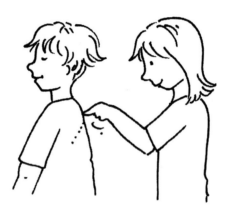

2. Schreibe auch andere Zahlen auf den Rücken. Merkt es dein Partner?

3. Tauscht die Rollen.

Station 4 *Zahlen zum Hüpfen*

Aufgabe:

1. Schreibe die Zahl mit Kreide auf den Schulhof.

2. Hüpfe die Zahl in Schreibrichtung entlang.

Station 5 — Zahlen an der Tafel

Aufgabe:

Tupfe die Zahl mit einem nassen Schwamm an die Tafel.

Station 6 — Süße Zahlen

Aufgabe:

1. Schreibe die Zahl mit Sahne auf das Backpapier.

2. Bestreue die Zahl mit Streuseln.

Station 7 Nasse Zahlen

Aufgabe:

Gieße die Zahl mit der Gießkanne auf den Schulhof.

Station 8 — Große und kleine Zahlen

Aufgabe:

Schreibe die Zahl auf das Papier, immer genauso so groß, wie das Papier ist.

Station 1 Fühlsäckchen

Aufgabe:

Nimm so viele Murmeln aus dem Säckchen, wie dir die Zahl vorgibt.

Station 2 — Zahlen bekleben

Aufgabe:

1. Klebe die Zahlenkarte auf Pappe.

2. Male die Zahl in deiner Lieblingsfarbe an.

3. Klebe so viele Punkte auf die Zahl, wie dir die Zahl vorgibt.

Station 3 *Steine bündeln*

Aufgabe:

Lege immer so viele Steine in einer Gruppe zusammen, wie dir die Zahl vorgibt.

Station 4 Gruppen bilden

Aufgabe:

Suche von jedem Material so viele Gegenstände heraus, wie dir die Zahl vorgibt.

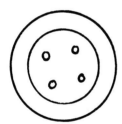 

Station 5 — Autos einkreisen

Aufgabe:

Kreise immer so viele Autos ein, wie dir die Zahl vorgibt.

Station 6 — Kästchen malen

Aufgabe:

Male immer so viele Kästchen in der gleichen Farbe an, wie dir die Zahl vorgibt.

Station 7 — Zahlen-Künstler

Aufgabe:

Male so viele Gegenstände, wie dir die Zahl vorgibt.

Station 8 *Instrumente spielen*

Aufgabe:

Spiele auf jedem Instrument so oft, wie dir die Zahl vorgibt.

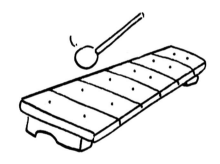

Station 1 — Alle meine Zahlen

Aufgabe:

Schreibe alle Zahlen auf, die du kennst.

Station 2 — Zahlenpuzzle

Aufgabe:

Setze das Zahlenpuzzle richtig zusammen.

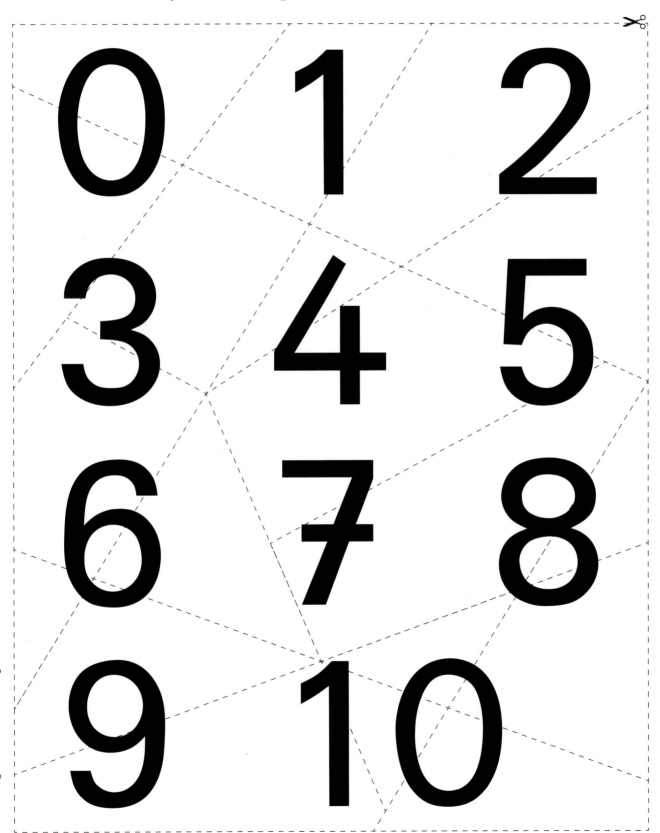

Station 3 Zahlen schreiben

Aufgabe:

1. Schreibe in diese drei Reihen die Zahlen von 0 bis 10.

2. Schreibe in diese drei Reihen die Zahlen rückwärts von 10 bis 0.

Station 4 — Zahlenplakat

Aufgabe:

Schneidet verschiedene Zahlen aus unterschiedlichen Materialien aus und klebt sie auf das Plakat.

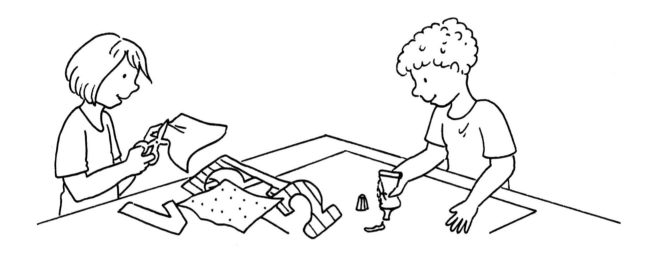

Station 5 — Lückenfüller

Die Zahlen von 0 bis 10:

0	1	2	3	4	5	6	7	8	9	10

Aufgabe:

Ergänze die fehlenden Zahlen.

1.

0	1		3	4		6	7	8		10

2.

0			3	4		6	7		9	

3.

	1					6				

Station 6 — Welche Zahl fehlt?

Die Zahlen von 0 bis 10:

| 0 | 1 | 2 | 3 | 4 | 5 | 6 | 7 | 8 | 9 | 10 |

Aufgabe:

Welche Zahl fehlt?

1.

0 10 2
1 8 6
9
3 4 7

2.

9 10 7 5
0 6 2
4 1 8

3.

9 2 0
4
5
7 3
6 10 1

4.

8 2 3
4
0 5 9
1 6 10

Station 7 — Zahlen-Memory®

Aufgabe:

Spielt das Zahlen-Memory®:

Dreht die Karten um, mischt sie und verteilt sie auf dem Tisch.

Wer an der Reihe ist, dreht zwei Kärtchen um.

Wer zwei gleiche Zahlen aufdeckt, darf das Paar zu sich nehmen und ist noch einmal an der Reihe.

Werden zwei verschiedene Zahlen aufgedeckt, ist der nächste Spieler am Zug.

Wer hat am Ende die meisten Paare?

Station 8 — Blind schreiben

Aufgabe:

1. Einer von euch beiden sitzt am Tisch, der andere steht dahinter. Das sitzende Kind hält einen Stift in der Hand und schließt die Augen.

2. Der Stehende führt dem Sitzenden die Hand und beginnt langsam, eine Zahl zu schreiben.

3. Der „Blinde" muss erraten, welche Zahl geschrieben wurde.

4. Tauscht die Rollen.

Station 9 Zahlensuche

Aufgabe:

Kreise alle Zahlen ein, die es gibt.

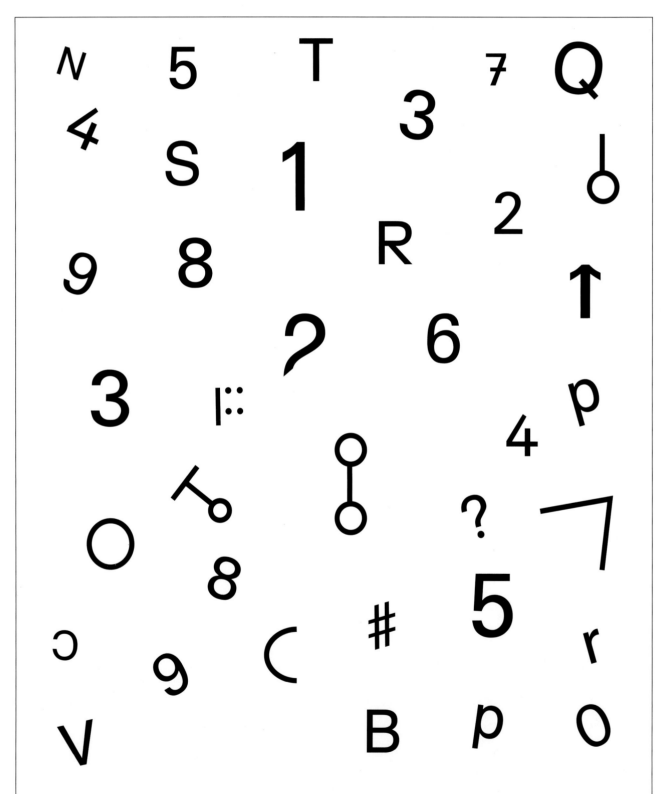

Station 10 Zahlenschachteln

Aufgabe:

1. Beklebe eine Streichholzschachtel mit weißem Papier.

2. Schneide eine Zahl aus Moosgummi aus.

3. Klebe die Zahl auf die Schachtel.

Station 11   *Zahlen verbinden*

Aufgabe:

Verbinde die Zahlen in der richtigen Reihenfolge.

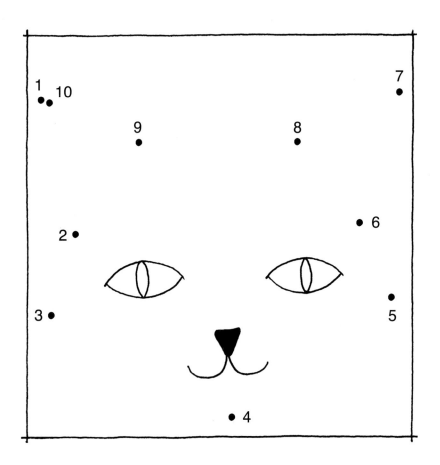

Station 1 — Was gehört zusammen?

Aufgabe:

Es gehören immer vier Karten zusammen. Lege sie nebeneinander.

| 1 | ● | ▣ | / |

Station 2 Schachteln füllen

Aufgabe:

Befülle die Streichholzschachteln mit der richtigen Anzahl von Knöpfen oder Perlen.

Station 3 Zahlenbeutel

Aufgabe:

Ertaste von außen, wie viele Gegenstände in den Beuteln sind, und ordne die Zahlenkarten dann richtig zu.

Station 4 Zahlen trommeln

Aufgabe:

1. Einer von euch beiden nennt eine Zahl.

2. Der Partner trommelt so oft auf der Trommel, wie die Zahl vorgibt.

3. Tauscht die Rollen.

Station 5 Jede Menge Eier

Aufgabe:

Verbinde eine Zahl mit der passenden Menge Eier.

Zahl	Eier
1	🥚🥚🥚🥚🥚
2	🥚🥚🥚🥚
3	🥚🥚🥚🥚🥚🥚🥚
4	🥚🥚🥚🥚🥚🥚🥚🥚
5	🥚
6	🥚🥚🥚🥚🥚🥚🥚🥚🥚
7	🥚🥚🥚🥚🥚🥚🥚🥚🥚🥚
8	🥚🥚🥚
9	🥚🥚
10	🥚🥚🥚🥚🥚🥚

Station 6 — Gesichter im Ballon

Aufgabe:

Male so viele Gesichter in die Ballons, wie dir die Zahl vorgibt.

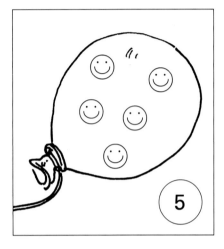
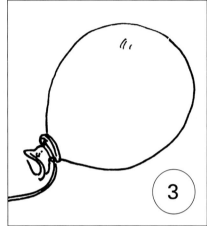
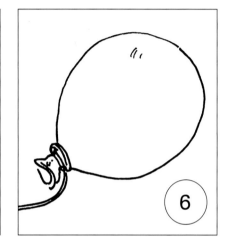
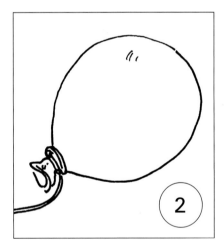
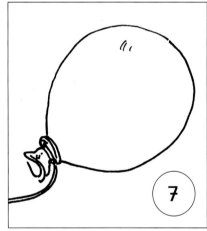
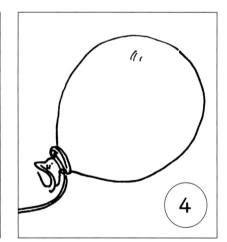
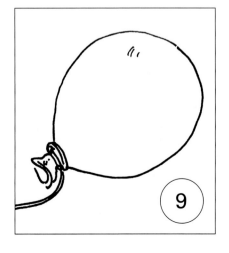
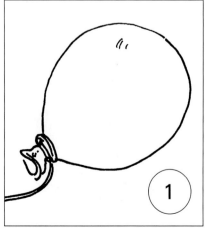
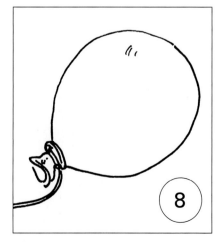

Station 7 — Fischespiel

Aufgabe:

Ihr braucht:

- 2–4 Spieler
- 1 Spielfeld
- Spielsteine
- Fischekarten

So geht es:

1. Wer an der Reihe ist, zieht eine Fischekarte und sagt laut, wie viele Fische er auf der Karte sieht.
2. Er belegt das passende Zahlenfeld auf dem Spielfeld (Fisch) mit einem Spielstein.
3. Wenn kein passendes Feld mehr frei ist, verfällt die Fischekarte.
4. Wer das letzte freie Feld belegt, hat gewonnen.

Station 7 — Fischespiel (Spielfeld) ☺☺/☺☺☺

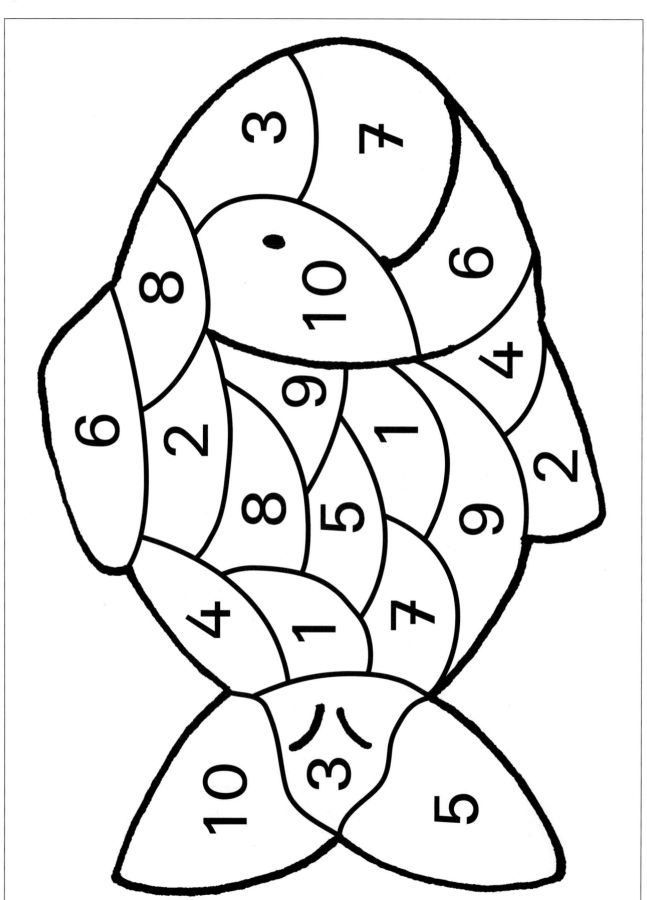

Station 7   Fischespiel (Fischekarten) ☺☺/☺☺☺

Station 8 Bälle zählen

Aufgabe:

Wie viele Bälle siehst du? Schreibe die Zahl auf.

1.

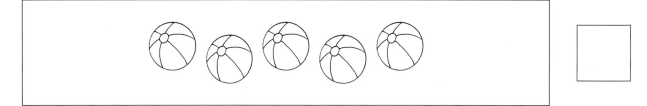

2.

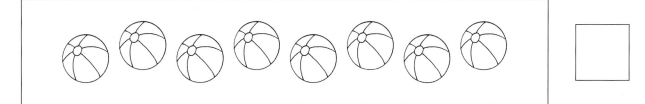

3.

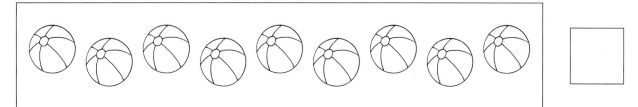

4.

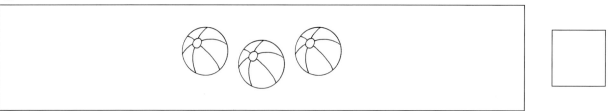

5.

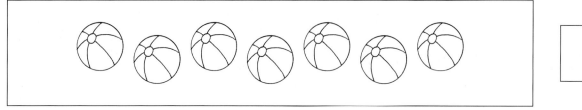

Station 9 — Zahlen-Domino

Aufgabe:

Legt die Kärtchen passend aneinander.

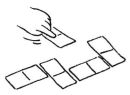

START	•	1	⚃ (2 Punkte)
2	|||	3	☀☀☀☀
4	⚄ (5 Punkte)	5	●●● ●●●
6	🏠🏠🏠🏠 🏠🏠🏠	7	||||‌ |||
8	●●●●● ●●●●	9	ZIEL

Station 10 Hungrige Krokodile

Aufgabe:

Das Krokodil hat großen Hunger. Es möchte immer die größere Menge Fische essen. Klebe die Krokodile so auf, dass ihr Maul immer zur größeren Menge zeigt.

1.

2.

3.

4.

5.

Station 10 — Hungrige Krokodile (Vorlage)

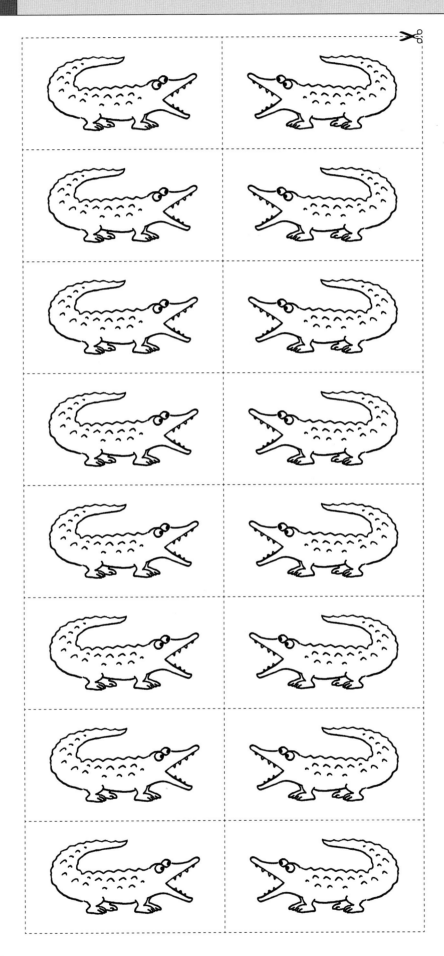

Laufzettel

 für _____

PFLICHTSTATIONEN

Stationsnummer	Zahl	Erledigt am	Kontrolliert am
Nummer _____			
Nummer _____			
Nummer _____			
Nummer _____			
Nummer _____			
Nummer _____			
Nummer _____			
Nummer _____			

WAHLSTATIONEN

Stationsnummer	Zahl	Erledigt am	Kontrolliert am
Nummer _____			
Nummer _____			
Nummer _____			
Nummer _____			
Nummer _____			
Nummer _____			
Nummer _____			

Zahlenkarten

0	1	2
3	4	5
6	7	8
9	10	

Zahlenkarten: Mengen

Zahlenkarten: Würfel

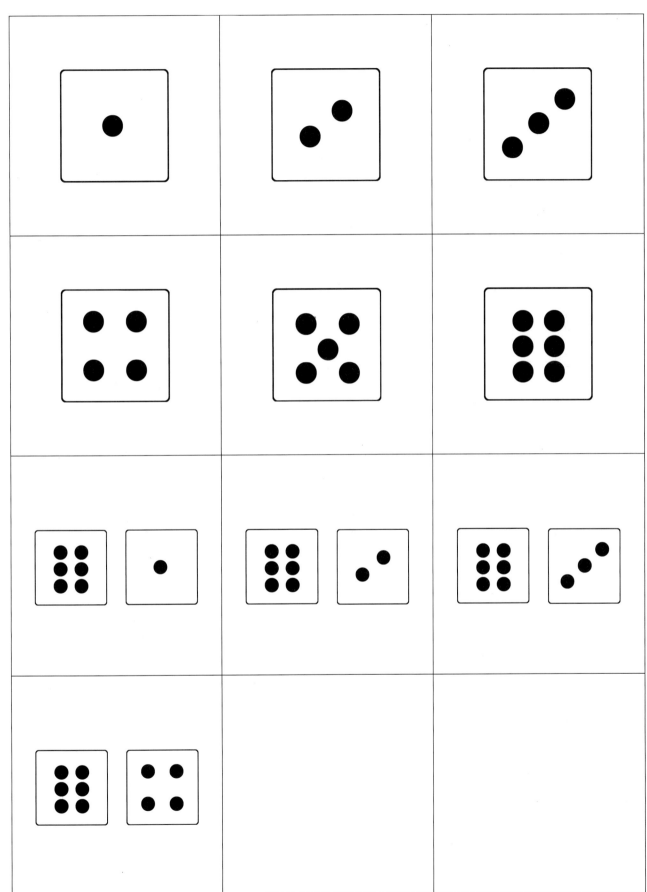

Zahlenkarten: Striche

Zahlenkarten: Finger

Lösungen

Übungen zu den Zahlen 0–10/Station 2 — Seite 43

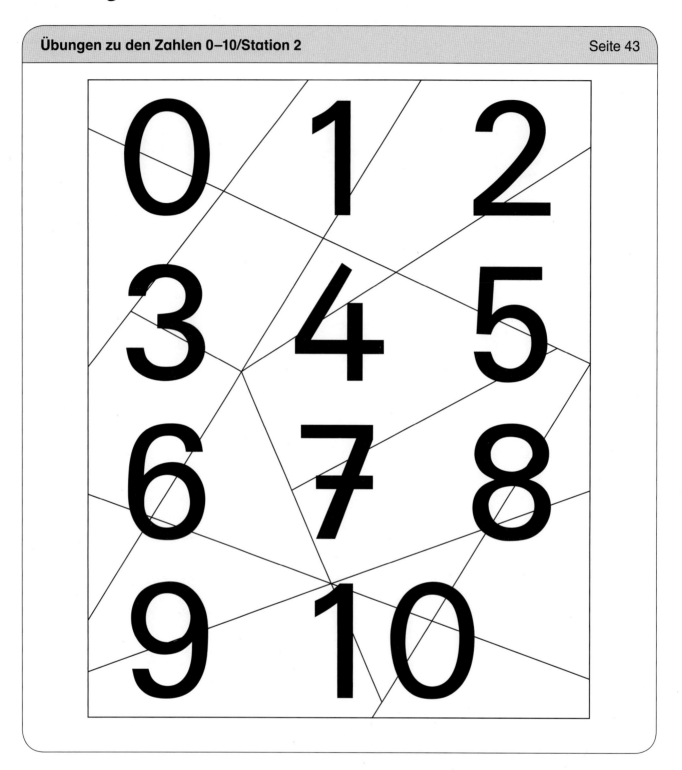

Übungen zu den Zahlen 0–10/Station 3 — Seite 44

1.

| 0 | 1 | 2 | 3 | 4 | 5 | 6 | 7 | 8 | 9 | 10 |

2.

| 10 | 9 | 8 | 7 | 6 | 5 | 4 | 3 | 2 | 1 | 0 |

Übungen zu den Zahlen 0–10/Station 5 — Seite 46

1.

| 0 | 1 | **2** | 3 | 4 | **5** | 6 | 7 | 8 | **9** | 10 |

2.

| 0 | **1** | **2** | 3 | 4 | **5** | 6 | 7 | **8** | 9 | **10** |

3.

| **0** | 1 | **2** | **3** | 4 | 5 | 6 | **7** | **8** | **9** | **10** |

Übungen zu den Zahlen 0–10/Station 6 — Seite 47

1. 5
2. 3
3. 8
4. 7

Übungen zu den Zahlen 0–10/Station 9 Seite 50

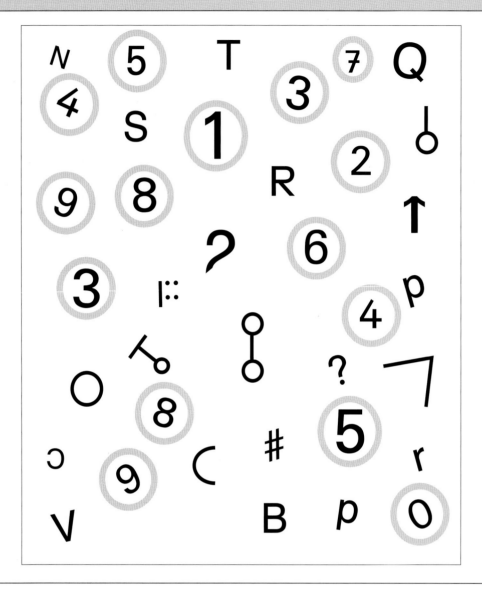

Übungen zu den Zahlen 0–10/Station 11 Seite 52

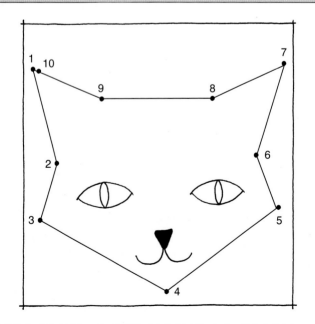

Übungen zur Mengenerfassung der Zahlen 0–10/Station 1 Seite 53

1	•	▫	|
2	••	▫	||
3	•••	▫	|||
4	::	▫	||||
5	::•	▫	⊪⊦
6	:::	▫	⊪⊦ |
7	:::•	▫ ▫	⊪⊦ ||
8	::::	▫ ▫	⊪⊦ |||
9	::::•	▫ ▫	⊪⊦ ||||
10	:::::	▫ ▫	⊪⊦ ⊪⊦

Übungen zur Mengenerfassung der Zahlen 0–10/Station 5 Seite 57

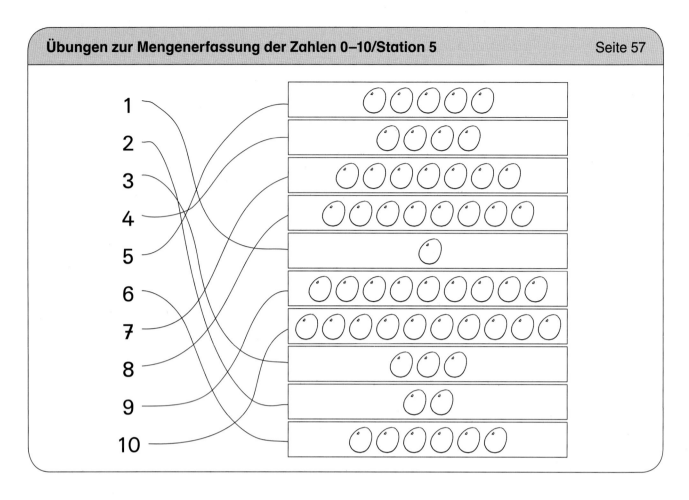

Übungen zur Mengenerfassung der Zahlen 0–10/Station 6 Seite 58

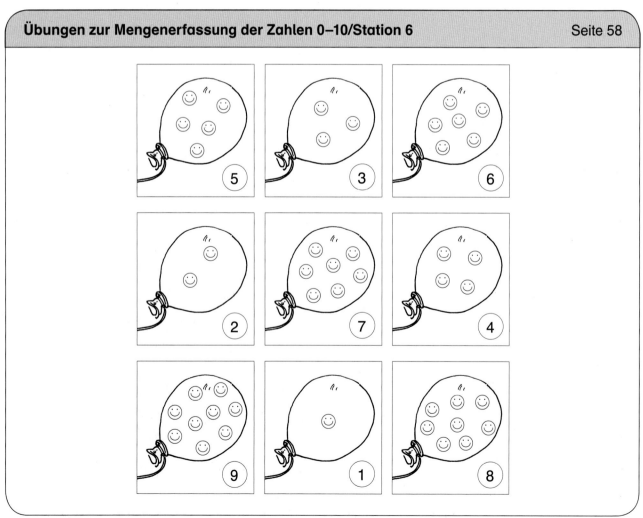

Übungen zur Mengenerfassung der Zahlen 0–10/Station 8 Seite 62

1. 5
2. 8
3. 9
4. 3
5. 7

Übungen zur Mengenerfassung der Zahlen 0–10/Station 9 Seite 63

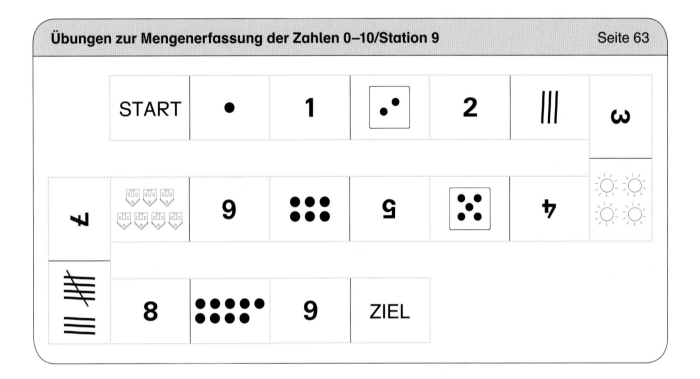

Übungen zur Mengenerfassung der Zahlen 0–10/Station 10   Seite 64

1.
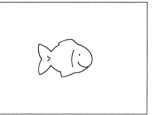  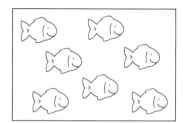

2.
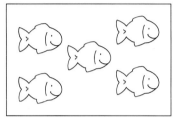  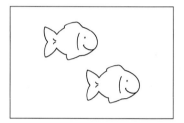

3.
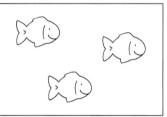  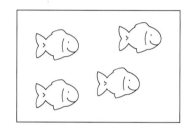

4.
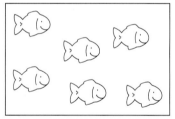  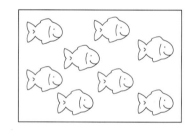

5.
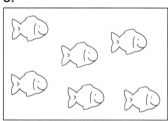  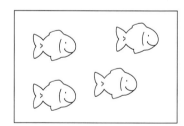

 # Auer empfiehlt

Die optimale Ergänzung zu diesem Buch:

88 S., DIN A4
▸ Best-Nr. **07034**

Carolin Donat

Mathe an Stationen SPEZIAL Geometrie 3/4

Handlungsorientierte Materialien für die Klassen 3 und 4

▸ Auch ideal einsetzbar zur Differenzierung und Freiarbeit!

Mit diesem Band vermitteln Sie wichtige Inhalte und leiten zugleich Ihre Schüler zu selbstständigem Arbeiten trotz unterschiedlicher Lernvoraussetzungen an. Beim Basteln, Spielen, Bauen und bei Rätseln nutzen die Kinder unterschiedliche Lernkanäle und verankern Wissen sicher und nachhaltig - und das alles ohne großen Aufwand für Sie! Die Arbeitsblätter sind auch ideal für die Freiarbeit geeignet.

Die Themen:

▸ Geometrische Formen | Körper | Spiegelsymmetrie | Lagepläne | Würfelgebäude

Dieser Band enthält:

▸ 6-10 Stationen pro Themenbereich | über 50 Arbeitsblätter als Kopiervorlagen | Lösungsteil in Karteikartenform

WWW.AUER-VERLAG.DE
WEBSERVICE
www.auer-verlag.de/go/
07034

Blättern im Buch

Download

Leseprobe

Weitere Titel aus der Reihe:

Kristina Eselgrimm, Manuela Leitzig
Größen an Stationen 1/2
Rechnen mit Geld, Zeit und Längen!
80 S., DIN A4
▸ Best-Nr. **06695**

Kristina Eselgrimm, Manuela Leitzig
Größen an Stationen 3/4
Praxiserprobte Stationen als Kopiervorlagen!
80 S., DIN A4
▸ Best-Nr. **06696**

Julia Becker, Anika Hoffmann, Fay Reinhardt
Mathe an Stationen Spezial 1x1 2
Damit erarbeiten sich die Schüler diesen Lehrplaninhalt selbstständig!
80 S., DIN A4
▸ Best-Nr. **06992**

Bestellschein (bitte kopieren und faxen/senden)

Ja, bitte senden Sie mir gegen Rechnung:

Anzahl	Best.-Nr.	Kurztitel
	07034	MAthe an Stationen SPEZIAL Geometrie 3/4
	06695	Größen an Stationen 1/2
	06696	Größen an Stationen 3/4
	06992	Mathe an Stationen 1x1 2

☐ Ja, ich möchte per E-Mail über Neuerscheinungen und wichtige Termine informiert werden.

E-Mail-Adresse

Auer Verlag
Postfach 1152
86601 Donauwörth

Fax: 0906 / 73-178
oder einfach anrufen:
Tel.: 0906 / 73-240
(Mo-Do 8:00-16:00 & Fr 8:00-13:00)
E-Mail: info@auer-verlag.de

Aktionsnummer: 9066

Absender:

Vorname, Nachname

Straße, Hausnummer

PLZ, Ort

Datum, Unterschrift

Station 5 — Quadrate vervollständigen

Aufgabe

1. Jede Strecke ist die Seite eines Quadrats.
   Vervollständige die Quadrate mithilfe des Geodreiecks.

   a) 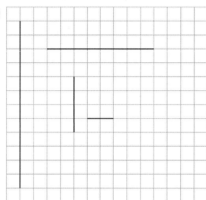   b)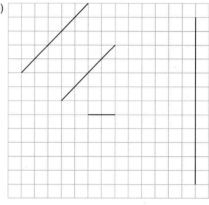

2. Zeichne ein Quadrat mit der Seitenlänge 4 cm.

☆ Wie hast du das Quadrat gezeichnet? Erkläre.

☆ Vergleiche dein Quadrat mit den Quadraten deiner Mitschüler. Was fällt dir auf? Erkläre.